# LA TERRE EST PLATE
## DE THOMAS L. FRIEDMAN

—— La mondialisation et ses mécanismes

par Myriam M'Barki

**50**MINUTES

# LA MONDIALISATION ET SES MÉCANISMES

Aujourd'hui, bien plus qu'à n'importe quelle époque, les individus peuvent collaborer et se concurrencer dans toute une gamme d'activités, aux quatre coins de la planète et sur un pied d'égalité grâce à l'explosion des technologies. Sans la politique, ces innovations auraient pu déboucher sur une ère de prospérité et de collaboration exceptionnelles entre les entreprises, les communautés et les hommes. La thèse de l'auteur, Thomas L. Friedman, est que le monde s'aplatit à mesure que les barrières économiques internationales s'effondrent. Le titre du livre, *La Terre est plate*, renvoie ainsi au phénomène de mondialisation.

Mais si cette connectivité ravit les uns, elle donne du fil à retordre aux autres : les vainqueurs de cette accélération du monde ont changé et l'ère de l'Occident triomphant touche peut-être à sa fin. Le centre de gravité planétaire est en train de se déplacer vers l'Asie, avec en tête de liste deux pays à la croissance économique exceptionnelle depuis une quinzaine d'années : l'Inde et la Chine. De ces deux pays sortent chaque année des millions de jeunes diplômés ayant suivi un cursus universitaire d'excellence qui leur permet de s'approprier facilement les méthodes et les techniques des pays à la pointe de la technologie comme les États-Unis ou le Royaume-Uni. Les Occidentaux ont tout intérêt à se perfectionner toujours plus dans des activités complexes et à se concentrer sur leur valeur ajoutée, car les compétences sont à présent partagées et acquises de par le monde.

Depuis la fin des années quatre-vingt-dix, les sociétés, principalement américaines, cherchent par tous les moyens à réduire leurs coûts et à augmenter leur efficacité. Cette vision de l'économie a poussé les entreprises à utiliser de la main-d'œuvre bon marché établie à l'étranger pour exécuter des tâches de support ou d'assistance. Bien loin des basses besognes administrées aux travailleurs des pays en développement, la sous-traitance a rapidement migré vers la recherche et le développement d'un produit ou d'un service, ce qui permet à présent à ces populations qui travaillent pour de grandes sociétés américaines de concevoir et de mettre sur le marché toutes sortes de brevets.

Ouvrage de référence pour beaucoup d'essayistes, livre de chevet de Tony Blair (homme politique britannique, né en 1953), *La Terre est plate* a eu un succès retentissant dès sa sortie et s'est vendu à plusieurs millions d'exemplaires à travers le monde, devenant ainsi un véritable best-seller très apprécié du public. Nourri de documentation concrète et d'opinions personnelles, cet essai a réussi à alerter une Amérique trop sûre d'elle-même. L'année de sa sortie, en 2005, le livre est élu Business Book of the Year par le quotidien *Financial Times* et la banque d'investissement Goldman Sachs.

## QUELQUES DONNÉES

- **Référence** : FRIEDMAN (Thomas L.), *La Terre est plate. Une brève histoire du XXIe siècle* (*The World is Flat. A Brief History of the 21th Century*), Paris, Perrin, 2006.
- **1re édition** : 2005. Une nouvelle version révisée et augmentée sort déjà en 2006, l'auteur désirant enrichir son raisonnement suite aux commentaires des critiques et des lecteurs, notamment ceux portant sur l'éducation des enfants.
- **Auteur** : Thomas L. Friedman, journaliste, écrivain et éditorialiste, né en 1953 à Saint Louis Park (Minnesota, États-Unis).
- **Contexte et courant** : ultralibéralisme américain.
- **Mots-clés** :
  - Mondialisation : processus qui désigne une nouvelle phase dans l'intégration planétaire des phénomènes économiques, financiers, écologiques et culturels. Ce phénomène, qui n'est ni linéaire ni irréversible, concerne également le rapprochement des hommes entre eux et résulte de la libéralisation des marchés. Cette formation d'un espace mondial interdépendant n'est pas nouvelle et trouve ses prémices dans la civilisation romaine qui organisait déjà son empire autour de la Méditerranée.

- Libre-échange : libre circulation des produits, des capitaux et des services au sein d'une zone géographique définie, permise par la suppression des barrières économiques. Cette doctrine est au cœur du phénomène de mondialisation.
- Externalisation : aussi appelé sous-traitance, ce terme désigne le transfert de certaines activités d'une entreprise jusque-là gérées en interne vers des partenaires extérieurs spécialisés. La démarche consiste à trouver de meilleures prestations à moindre coût et offrant plus de flexibilité.
- Internalisation : fait pour une entreprise d'avoir recours à un consultant pour prendre en charge en interne certaines de ses activités auparavant gérées en externe. Il s'agit de la démarche inverse par rapport à l'externalisation, l'une comme l'autre pouvant amener une réduction des coûts suivant la situation.
- Aplatissement du monde : concept métaphorique imaginé par l'auteur qui signifie que toutes les parties du monde se ressemblent de plus en plus à mesure que le libre-échange s'accroît.

## L'AUTEUR

Thomas L. Friedman, homme d'influence et éditorialiste à succès tenant une chronique hebdomadaire pour le prestigieux journal américain *The New York Times* (créé en 1851), est un spécialiste des questions géopolitiques, de la mondialisation et du marché du libre-échange. Véritable passionné de journalisme et du Moyen-Orient, il a reçu trois prix Pulitzer, dont deux pour ses couvertures de guerre. Il est l'auteur de six best-sellers, parmi lesquels on retiendra *De Beyrouth à Jérusalem* (1989), livre subventionné par la fondation Guggenheim décrivant ses expériences de journaliste au Moyen-Orient, et *Paix des peuples, guerres des nations. Après le 11 septembre* (2003), qui rassemble ses chroniques depuis les attentats du World Trade Center.

### Jeunesse

Né en 1953 à Saint Louis Park dans la banlieue de Minneapolis (Minnesota), il est issu d'une famille aisée et instruite de tradition juive. Passionné de sport dès son plus jeune âge, il se perfectionne dans deux disciplines : le tennis et le golf. Son zèle lui permettra de caresser de plus près son rêve de jeunesse puisqu'il servira un temps le joueur professionnel Chi Chi Rodriguez (né en 1935) en devenant son transporteur de clubs de golf.

Jusqu'à sa bar-mitsva (tradition juive qui célèbre le passage à la puberté des jeunes garçons), il fréquente une école hébraïque locale. Ensuite, il intègre le lycée de Saint Louis Park où il découvre le métier de journaliste en écrivant ses premiers articles pour le journal de l'école. C'est à cette même période qu'il se forge une autre passion, déterminante pour sa future carrière professionnelle : le Moyen-Orient. Ainsi, après son baccalauréat, il étudie le monde méditerranéen à l'université du Minnesota et à l'université Brandeis avant d'obtenir un master en études du Moyen-Orient moderne à l'université d'Oxford grâce à une bourse scolaire en 1978.

## Son attachement à Israël

Très attaché à l'État d'Israël, son amour franc lui a sans nul doute été transmis par ses parents : adolescent, il est envoyé durant plusieurs étés consécutifs dans une colonie de vacances juive en Israël. Plus tard et avant d'entamer son cursus universitaire, il part quelques semestres pour le Proche-Orient afin d'y suivre des cours à l'université hébraïque de Jérusalem et à l'université américaine du Caire. Il parle, en outre, couramment l'arabe et l'hébreu.

## Carrière de journaliste

Juste après avoir obtenu son diplôme, Friedman est embauché par le bureau londonien de l'agence de presse américaine *United Press International* (créée en 1907). Fort de son parcours académique, il est transféré à Beyrouth un an plus tard pour y travailler comme correspondant local jusqu'en 1981. Il est ensuite recruté par le *New York Times* pour couvrir l'invasion du Liban en 1982. Resté en poste à Jérusalem, il assure également l'information en ce qui concerne la première Intifada, reportage pour lequel il est récompensé du prix Pulitzer. Après 1988, il retourne aux États-Unis. En parallèle de ses activités de journaliste, il devient correspondant à la Maison-Blanche sous la présidence de Bill Clinton (William Jefferson Clinton de son nom complet, né en 1946) avant de se spécialiser dans la politique internationale et l'économie. Depuis 1994, il tient une chronique internationale pour le *New York Times*.

<u>**RÉCOMPENSES ET DISTINCTIONS**</u>

- 1982 et 1983 : prix Pulitzer et prix Georges Polk (avec David K. Shipler, né en 1942, également journaliste au *New York Times*) du meilleur reportage international pour sa couverture de guerre sur l'invasion du Liban, spécialement sur le massacre de Sabra et Chatila (16-18 septembre 1982).
- 1988 : prix Pulitzer du meilleur reportage international pour sa couverture de guerre sur la première Intifada.
- 1989 : National Book Award for Nonfiction pour *De Beyrouth à Jérusalem*.
- 2002 : prix Pulitzer du meilleur commentaire pour son analyse journalistique sur la menace terroriste dans le monde.
- 2004 : prix Overseas Press Club pour l'ensemble de son œuvre journalistique.
- 2004 : médaille d'officier de l'ordre de l'Empire Britannique décernée par la reine Elizabeth II (née en 1926).
- 2005 : élu membre du comité du prix Pulitzer.
- 2005 : *Financial Times* and Goldman Sachs Business Book of the Year Award (aujourd'hui *Financial Times* and McKinsey Business Book of the Year Award) pour *La Terre est plate*.

# PRISE DE POSITION ET MILITANTISME

Friedman est un activiste engagé qui a beaucoup écrit sur la mondialisation, les affaires étrangères, le commerce international et l'environnement. Il milite par ailleurs pour une solution de compromis dans le conflit israélo-palestinien et pour la modernisation du monde arabe.

Fervent défenseur du marché du libre-échange, il considère la mondialisation et ses processus d'intégration comme les seuls moyens d'effacer les inégalités économiques à l'échelle planétaire, tant pour les entreprises que pour les gouvernements ou les particuliers, car elle permet une mise à niveau des pouvoirs.

Après les attentats du 11 septembre 2001, il se concentre sur la menace terroriste dans le monde et écrit de nombreuses chroniques sur les aspects du radicalisme et sur ses mécanismes de recrutement et d'endoctrinement. Il parle, entre autres, de l'arrivée de la troisième guerre mondiale, du support que l'Occident devrait donner aux forces modérées des sociétés arabo-musulmanes afin qu'elles puissent s'émanciper par elles-mêmes, et du bénéfice qu'engendrerait pour l'Union européenne l'entrée de la Turquie en son sein. Il sera, par ailleurs, favorable à l'invasion irakienne en 2003 par le Gouvernement Bush et émettra de nombreuses critiques à l'égard de certains pays européens, notamment la France, pour n'avoir pas totalement soutenu les États-Unis et la coalition internationale dans cette dernière guerre du Golfe (2003-2011).

## CONTEXTE ET COURANT

Friedman a l'idée d'écrire ce livre en 2004, alors qu'il parcourt l'Inde pour y faire un documentaire sur la sous-traitance informatique commandé par la chaîne de télévision américaine Discovery Times. Après avoir visité plusieurs pôles technologiques d'intérêt, il est stupéfait de constater à quel point la Silicon Valley indienne, Bangalore, est similaire aux plus grandes capitales occidentales et que l'on y retrouve beaucoup de grandes sociétés de renom (IBM, Microsoft, GE, Reuters, Dell, HP, etc.).

C'est durant ce premier voyage que les prémices d'une pensée sur l'aplatissement du monde font surface. Il constate que le monde est en train de devenir peu à peu uniforme et que les pays se ressemblent de plus en plus. Pour lui, les nouvelles technologies sont les fondations de cette similarité. Qu'on soit à Tokyo, Paris, Bangalore ou Buenos Aires, on retrouve les mêmes aliments, les mêmes musiques, les mêmes façons de se vêtir ou encore les mêmes thèmes d'actualité.

Perplexe et intrigué, il continue son périple en Asie pour se rendre au Japon puis en Chine, afin de confirmer son sentiment que le monde est bien plat. Là-bas, il découvre que les entreprises japonaises sous-traitent également aux Chinois. Si Bangalore est la ville indienne privilégiée pour la sous-traitance occidentale, Dalian est le pôle d'attraction chinois principal pour la sous-traitance japonaise, la région nord-est de la Chine ayant gardé des brides de la culture japonaise – comme le langage – suite à la colonisation du Japon.

Ces voyages donnent à Friedman de nouvelles idées sur les grandes tendances de la mondialisation et sur les forces qui l'animent : à présent, tout ce qui peut être numérisé est sous-traité par un pays tiers ; le travail peut désormais être accompli n'importe où et n'importe quand. Cette hypothèse engendrera l'écriture de *La Terre est plate. Une brève histoire du XXI<sup>e</sup> siècle*.

L'ouvrage est écrit deux ans avant la crise financière de 2007 qui touche de plein fouet l'économie mondiale : les phénomènes qui y sont démontrés se sont davantage renforcés après cet événement et n'en sont que plus vrais aujourd'hui. Néanmoins, les propos tenus sont profondément ancrés dans la mentalité américaine et découlent d'une vision ultralibérale propre à ce pays : cette rédaction est le parfait reflet d'une Amérique surpuissante et dominatrice qui impose ses méthodes et son modèle économique au reste du monde.

# LA TERRE EST PLATE

## SYNTHÈSE

*La Terre est plate*, titre très provocateur qui ne remet cependant pas en question la sphéricité de la Terre, est une métaphore qui signifie que le monde est devenu un terrain de jeu parfaitement plat en termes d'échanges commerciaux. Tous les centres de connaissance sont maintenant connectés pour former un seul réseau planétaire. La pyramide des pouvoirs et les rapports de force s'aplatissent chaque jour un peu plus pour mettre les individus, les entreprises et les sociétés sur un même pied d'égalité. Le titre fait également allusion à l'ajustement que les nations et les entreprises doivent faire pour rester compétitives dans un marché mondial où les barrières historiques et géographiques deviennent de plus en plus anecdotiques.

Cet aplatissement du monde est le produit de la convergence entre l'essor des ordinateurs (années quatre-vingt), la chute du mur de Berlin (1989) et la montée des logiciels de *workflow* (logiciels de travail en réseau, années quatre-vingt-dix). L'auteur appelle cette période la « mondialisation 3.0 », différenciant celle-ci des deux précédentes : la « mondialisation 1.0 » – dans laquelle les pays et les gouvernements étaient les principaux protagonistes définissant les règles commerciales – et la « mondialisation 2.0 » – dans laquelle les entreprises multinationales ont ouvert la voie au processus d'intégration mondiale de l'économie. Ainsi, selon lui, le processus de mondialisation s'est déroulé en trois grandes étapes :

- **la première étape** s'étend de 1492, depuis le moment où Christophe Colomb (1451-1506) ouvre le commerce entre l'Ancien Monde et le Nouveau, à 1800.

- **la deuxième étape** comprend les années 1800 à 2000. C'est l'ère de la révolution industrielle, de la télécommunication et de l'expansion des sociétés occidentales sur les marchés planétaires, interrompue par la Grande Dépression (1929-fin des années trente) et les deux guerres mondiales.
- **la troisième étape** (xxi^e siècle) voit le monde rétrécir et s'aplatir pour laisser place à une hyperconnectivité entre les pays et les individus du monde entier.

Friedman est convaincu que nous entrons dans une nouvelle époque, celle de la révolution de l'information. Cette révolution s'inscrit selon lui dans les tournants majeurs de l'histoire, au même titre que l'invention de l'imprimerie, la montée en puissance des États-nations ou encore, la révolution industrielle. Mais contrairement aux précédentes révolutions technologiques, celle-ci se propage à une vitesse fulgurante et concerne beaucoup de plus de gens en même temps. Plus la transition vers une nouvelle ère est rapide, plus fort est son potentiel de perturbation. En effet, ce changement trop brutal est en train de bouleverser les esprits et provoque une perte de repères, notamment en matière d'identité culturelle.

## NOTIONS CLÉS

### Les dix forces d'aplatissement

Friedman repère dix événements majeurs de l'histoire du xx^e et du xxi^e siècle ayant contribué à rendre la terre plus uniforme. Il les appelle les « dix forces d'aplatissement ».

1. **La chute du mur de Berlin** (9 novembre 1989). Grâce à l'essor des ordinateurs et à la révolution de l'information au début des années quatre-vingt, les outils développés (fax, téléphone, ordinateur) ont accru les communications immédiates et ont permis une

plus grande productivité des entreprises de l'Ouest, tandis que le bloc soviétique, à l'Est, se retrouvait dans une impasse économique causée par un système politique, social et économique désuet et hors de son temps. La chute du mur concrétise la victoire de la démocratie et du capitalisme sur le communisme et permet la propagation des idéologies occidentales sur l'ensemble de la planète.

2. **Le Web et les navigateurs.** Alors que l'ère des PC et de Windows atteint un sommet au milieu des années quatre-vingt-dix, deux innovations majeures bouleversent la Toile et donnent une impulsion décisive à l'interconnexion du monde : le World Wide Web – dans lequel chacun peut désormais créer son propre site internet à but commercial ou privé – et la création des navigateurs, capables de rechercher n'importe quelle page web et de l'afficher sur n'importe quel écran d'ordinateur. La création des navigateurs a permis à quiconque, depuis les passionnés de technologie jusqu'aux grandes entreprises, en passant par les gouvernements et les populations, de naviguer librement sur le Net.

## LE WORLD WIDE WEB

- World Wide Web (www) signifie littéralement « toile d'araignée mondiale ». Souvent abrégé « Web » ou « Toile », il s'agit d'un système connecté par des liens hypertextes fonctionnant sur Internet et qui permet de consulter, à l'aide d'un navigateur (Google Chrome, Mozilla Firefox, Internet Explorer, Safari, etc.), des pages mises en ligne sur des sites. Bien qu'inventé plusieurs années après Internet, c'est le Web qui a fait de ce dernier un outil utilisable par le grand public, démocratisant ainsi le cyberespace. Par abus de langage, les deux mots sont souvent pris l'un pour l'autre, alors que le Web n'est en réalité qu'une application internet, au même titre que le courrier électronique, la messagerie instantanée ou les vidéoconférences.
- En 1991, le World Wide Web est créé par un chercheur britannique travaillant pour le Centre européen pour la recherche nucléaire (CERN), Tim Berners-Lee (né en 1955), qui lance la même année le premier site internet : http://info.cern.ch. Son but ? Que les savants du monde entier puissent partager leurs études et leurs résultats avec l'ensemble de la communauté scientifique. À cette époque en effet, le partage de données était quasiment inexistant. Cinq ans après la création de la Toile, le nombre d'utilisateurs d'Internet passe de 600 000 personnes à 40 millions.

3. **Les logiciels de *workflow*** (« flux de travail » en français) ou de travail en réseau. Il s'agit d'un outil de gestion qui permet d'enchaîner, de manière automatique, des successions de tâches à accomplir entre un ou plusieurs employés dans une entreprise. Par exemple, ce type de logiciel permet de préciser les circuits de cheminement de documents en identifiant les acteurs concernés, les actions à réaliser et les délais. Ils simplifient énormément la chaîne de travail d'une entreprise, car ils permettent de structurer les procédures de travail, de coordonner les charges et les ressources et de superviser le déroulement et l'enchaînement de ces tâches.

   Grâce à l'essor au cours de la deuxième moitié des années quatre-vingt-dix de ces logiciels permettant à une machine de parler à d'autres machines, le travail peut désormais circuler sans entrave d'une entreprise à une autre, d'un continent à un autre, alors qu'avant cette création, les entreprises ne pouvaient se connecter entre elles que par l'échange manuel de données et d'e-mails. Les équipements et les logiciels n'étant pas tous identiques, la communication était en outre difficile, et ce même au sein d'une seule entreprise. Grâce à cette révolution informatique, la conception du travail et de l'entreprise en a été profondément transformée.

4. **Le téléchargement vers l'amont.** De nos jours, il est aisé de créer des documents ou des fichiers et de les transmettre à un réseau sans devoir passer par la chaîne de distribution traditionnelle. Cette méthode, nommée le « téléchargement vers l'amont » (*upload*), transforme radicalement la collecte et la dissémination d'informations. La diffusion n'est plus à sens unique : chacun peut maintenant dépasser le rôle de consommateur pour accéder à celui de producteur. Ce phénomène est l'une des formes de collaboration sociale les plus révolutionnaires. Parmi les plus connues, on retrouve :
   ◦ les logiciels *open source* développés par une communauté et qui sont généralement gratuits et accessibles par tous (comme la suite bureautique libre OpenOffice) ;

- les blogs créés et mis en ligne par des particuliers qui offrent au monde entier des données en tous genres (chansons, poèmes, peintures, films, concepts, etc.) ;
- Wikipédia, l'encyclopédie en ligne visitée par des milliards de personnes, rédigée et modifiée à l'infini par les utilisateurs eux-mêmes.

5. **L'externalisation ou la sous-traitance.** Ce phénomène représente une aubaine pour les entreprises occidentales qui souhaitent doper leur productivité et leur rentabilité. Avec l'introduction du World Wide Web, de nombreuses sociétés américaines ont directement financé les travaux de réaménagement de certains pays en voie de développement en y installant des satellites et des câbles à fibres optiques afin de permettre une connexion internationale. L'Inde, par exemple, a cessé d'être pénalisée par la fuite de ses cerveaux et les États-Unis ont pu bénéficier du haut niveau de compétences de la population locale pour réaliser de grosses économies sur le coût salarial et pour booster sa chaîne de productivité devenue active 24 h/24 h grâce au décalage horaire.

6. **La délocalisation ou *offshoring*.** À partir des années quatre-vingt, beaucoup d'investisseurs, tout d'abord principalement des Chinois établis à l'étranger qui n'arrivaient pas à vendre leurs produits dans leur pays d'accueil, ont imaginé utiliser la main-d'œuvre chinoise disciplinée pour les manufacturer à moindre coût avant de les vendre à l'étranger. Cette attitude s'accordait parfaitement aux intérêts des dirigeants chinois de l'époque, qui voulaient attirer les industriels étrangers et faire de la Chine un pôle de production particulièrement attractif. Quand le processus de délocalisation démarra dans toutes sortes de secteurs, cette méthode s'imposa rapidement et devint la norme pour de nombreuses entreprises voulant trouver la région du monde la plus rentable en termes de coûts de production. En outre, avec l'entrée de la Chine dans l'Organisation mondiale

du commerce (l'OMC) en 2001, le pays garantissait aux entreprises étrangères le respect du droit international en matière de pratiques commerciales. Celles-ci pouvaient donc s'implanter à peu près n'importe où en Chine tout en bénéficiant d'avantages financiers.

7. **L'harmonisation de la chaîne d'approvisionnement.** Il s'agit d'une forme de collaboration globale entre tous les protagonistes d'une entreprise (fournisseurs, détaillants et clients), qui permet de créer de la valeur et de faire des économies : plus les chaînes d'approvisionnement se perfectionnent et prolifèrent, plus elles imposent aux entreprises l'adoption de normes communes qui éliminent les discordances frontalières. Dans un monde où les connexions se croisent perpétuellement, les points forts du processus d'approvisionnement d'une entreprise sont systématiquement imités par les autres, car la technologie moderne ne permet pas de garder secrètes ces méthodes d'ingénierie.

8. **L'internalisation.** Cet autre phénomène est lié à la septième force puisqu'il traduit l'apparition de prestataires intermédiaires prenant en charge, par exemple, le service après-vente pour une marque (réparation/assistance), afin de réduire les délais par rapport à un apport logistique extérieur. Il devient ainsi possible à une entreprise de faire appel à ces experts consultants pour venir gérer chez elle sa chaîne d'approvisionnement.

9. **L'information surabondante.** L'accès à la réserve quasi inépuisable d'informations mises en ligne est rendu possible grâce à l'apparition des moteurs de recherche comme Google, qui offrent des possibilités de plus en plus étendues pour rendre disponible tout le savoir du monde dans toutes les langues. Il n'est plus nécessaire, à présent, de sortir de chez soi pour rencontrer des gens qui nous ressemblent ou d'aller à la bibliothèque ou au cinéma pour se divertir ou s'informer.

10. **« Les stéroïdes ».** La dernière force d'aplatissement, selon Friedman, est une combinaison de certaines nouvelles technologies qui amplifient les effets des autres forces, à la manière de stéroïdes anabolisants. Parmi les plus importantes, on retrouve :
   - les éléments liés au stockage et à la transmission de données comme les puces des disques durs, qui sont d'une grande importance puisqu'ils servent à numériser, compresser et transmettre toujours plus de données à une vitesse toujours plus grande ;
   - le partage des fichiers en ligne comme les réseaux *peer-to-peer* qui permettent à deux personnes de partager des données stockées sur leur ordinateur respectif ;
   - la communication téléphonique par Internet tel le VoIP (Voice over Internet Protocol) et la communication instantanée (Skype, par exemple) ;
   - toutes les nouvelles technologies mobiles, qui permettront, lorsqu'on pourra les utiliser n'importe où et avec n'importe quel appareil, un aplatissement total de la planète.

## Réussir dans un monde ouvert et plat

Par rapport au siècle passé, chaque individu doit travailler un peu plus dur et courir un peu plus vite pour atteindre ses objectifs professionnels. Pour faire face à la concurrence, l'auteur juge primordial de développer les qualités suivantes : son imagination, sa motivation, une bonne compréhension de la complexité humaine et l'hémisphère droit de son cerveau (siège de l'instinct, des émotions, du sens artistique, de la créativité et du contexte global). Les personnes qui réussissent le mieux sont celles qui font preuve de beaucoup de créativité, d'une grande curiosité intellectuelle, d'esprit d'analyse et d'aisance dans les relations interpersonnelles – caractéristique qui facilite la collaboration entre individus. Ainsi, on reconnaît les meilleures entreprises à ce qu'elles collaborent avec d'autres et externalisent le plus possible, et ce pour une raison simple : les domaines de compétences sont devenus si complexes qu'aucune firme ne peut les maîtriser seule. Le recours à l'externalisation permet de réduire certains coûts du personnel pour engager davantage de spécialistes.

## Les risques d'un monde sans barrières et les solutions proposées

L'aplatissement du monde est-il réellement une aubaine pour les sociétés occidentales ? Ne devraient-elles pas interdire l'externalisation et la délocalisation pour protéger leur économie ? Non, affirme l'auteur. Les pays occidentaux doivent surtout s'affranchir du protectionnisme, qui est une idéologie contre-productive, afin d'adhérer au principe du libre-échange et d'insuffler une stratégie visant à donner la même chance à tous les citoyens nationaux. Il faut aussi encourager l'ouverture des marchés mondiaux pour introduire davantage de pays dans le système de globalisation, ce qui augmentera la demande de biens et de services, dynamisera l'innovation technologique et réduira le chômage de masse.

*A contrario*, les ennemis de la mondialisation ne sont pas du même avis et estiment que beaucoup de populations issues de pays développés devront s'attendre à un déclin de leur niveau de vie et de leur pouvoir d'achat, à moins de protéger certains emplois de la concurrence.

Thomas Friedman estime aussi que pour lutter contre une crise économique sévissant dans un monde aplatit, l'Occident doit surtout mettre à jour les compétences professionnelles de sa population afin qu'elle puisse répondre aux nouvelles exigences des entreprises, ce qui limiterait la délocalisation et la sous-traitance. En effet, une sensibilisation des jeunes aux métiers scientifiques (telles les sciences informatiques, l'ingénierie, la physique ou la chimie) serait la bienvenue en raison du désintérêt croissant pour ces matières et de la pénurie des professionnels du milieu. L'auteur déplore ainsi que les États-Unis ne laissent plus entrer les talents sur son territoire (immigration contrôlée par mesure de sécurité), que les entreprises trouvent de plus en plus de possibilités sur les marchés étrangers et que les jeunes Américains ne soient plus formés pour combler ces lacunes. C'est ce qu'il appelle « la crise tranquille », c'est-à-dire l'affaiblissement d'un pays par l'intérieur.

À l'ère industrielle puis l'ère informatique succède l'ère du talent : les outils technologiques profitent aujourd'hui à la quasi-totalité de la population mondiale ; le savoir et les compétences s'en trouvent partagés. Les pays qui gagneront seront ceux qui sauront le mieux attirer les talents et qui seront capables de réinventer l'avenir en se dotant de nouvelles spécialités, comme l'Amérique a su le faire dans le passé.

Pour rester compétitif sur le long terme, d'autres mesures gouvernementales liées à l'assouplissement de la fiscalité doivent être entreprises afin de booster l'emploi et d'éradiquer le chômage de masse. L'auteur parle ainsi de faciliter le changement d'emploi, de dissocier de l'employeur les cotisations de retraite et l'assurance maladie, ou encore de favoriser l'engagement du personnel.

## Les pays en voie de développement

Bien qu'ils tiennent une place croissante sur le marché économique mondial, les pays en voie de développement doivent créer un environnement de vie dans lequel leurs citoyens disposent d'infrastructures et d'outils technologiques performants qui faciliteront la création d'entreprises. Ces pays devraient, eux aussi, établir un cadre juridique et une législation fiscale plus souple qui permettraient de libérer plus facilement du capital pour des usages plus productifs. Un exemple parmi d'autres : en Australie, il faut deux jours pour créer une entreprise contre 215 jours en République démocratique du Congo…

Ainsi, pour prospérer dans un monde plat et, surtout, pour sortir de la pauvreté, des réformes franches et brutales sont nécessaires, comme le développement de l'éducation – pour pouvoir disposer d'une main-d'œuvre instruite et flexible –, la sortie du modèle socialiste et le changement du système gouvernemental pour aller vers un marché ouvert, plat et concurrentiel. La recette du succès réside donc dans la faculté qu'a une société à faire des sacrifices au nom du développement économique et la présence de leaders capables d'imposer des transformations dans l'intérêt de l'avenir commun.

# RÉPERCUSSIONS

## CRITIQUES DE SON APPROCHE

### Opinions favorables

Dans l'ensemble, ce livre est très complet, bien construit et truffé de documentation qui illustre les propos tenus. Il a par ailleurs le mérite d'être encore en phase avec son temps puisque les éléments abordés restent globalement d'actualité alors qu'il a été écrit voici dix ans. L'auteur nous livre son analyse sur les tendances majeures qui ont mené à notre système social, politique et économique par le biais d'une enquête qu'il a menée à travers le monde. Il a ainsi interviewé de nombreuses personnes actives sur le marché de l'emploi (chefs d'entreprise, employés dans le secteur technologique, politiciens, etc.) et collecté de nombreux témoignages qui lui ont permis de façonner sa théorie sur l'aplatissement du monde. Friedman ne se contente pas d'une simple analyse des faits, il prend aussi le risque d'une réflexion sur les adaptations nécessaires au niveau individuel et collectif pour réussir dans ce monde ouvert et plat.

Véritable best-seller, cet ouvrage a aussi bien été apprécié du grand public qu'encensé par la critique littéraire. Le livre a également su trouver son public au-delà des frontières américaines, puisqu'il a connu un très gros succès commercial en Europe et en Chine – bien qu'il ait été, dans ce dernier pays, censuré partiellement dès sa publication. Suivant la mouvance de la politique économique américaine, la position de Friedman sur la mondialisation et sur le marché libre est assez consensuelle, ce qui lui a permis d'une part, d'être considéré par les médias américains comme un des meilleurs journalistes politique et économique de son époque, et d'autre part, de bénéficier d'une limitation de la critique négative puisque ses opinions sont partagées et approuvées par la majorité de la population locale.

Le *Washington Post*, par l'intermédiaire du journaliste Warren Bass, a qualifié cet ouvrage de « visite guidée captivante » et de « lecture passionnante », déclarant à ce sujet : « Nous n'avons aucune idée de comment l'histoire du XXI$^e$ siècle se déroulera mais ce livre, terriblement stimulant, incitera certainement les lecteurs à commencer à penser à tout cela. » (BASS (Warren), « The Great Leveling », in *The Whashington Post*, avril 2005) Néanmoins, le journaliste pense que l'auteur surestime la nouveauté de ce phénomène économique qu'est la mondialisation, tout en saluant sa lucidité habituelle et son don naturel pour décortiquer les tendances économiques majeures de notre époque.

## Opinions défavorables

Cet essai sur la mondialisation a tout de même rencontré quelques détracteurs, spécifiquement en la personne de journalistes et de théoriciens défendant une idéologie antilibérale.

- Le journaliste et activiste américain David Sirota (né en 1975), grand défenseur du protectionnisme, a publiquement critiqué, à travers un article paru dans le *San Francisco Chronicle* (journal quotidien créé en 1865), la position de l'auteur sur le bénéfice qu'engendrerait un aplatissement total du monde. En effet, Sirota est favorable au rétablissement des frontières économiques et à la protection du commerce équitable. Il supporte l'idée que le Gouvernement américain doit retrouver sa souveraineté dans les décisions économiques.
- Pankaj Ghemawat (né en 1959), docteur en économie et essayiste, a fait part de ses opinions divergentes envers l'ouvrage dans un article paru pour le magazine américain *Foreign Policy* en 2007.

Dans cet article, il explique que Friedman a grossièrement exagéré l'ampleur de la mondialisation puisque 90 % des appels téléphoniques, du trafic internet et des investissements se font localement, ce qui signifie qu'une fraction seulement de ce que nous considérons être la mondialisation existe vraiment.

* L'économiste américain Edward S. Herman (né en 1925) assimile Friedman à un parfait représentant et porte-parole de l'*establishment* (autorité en place qui cherche à se maintenir), car il voit en lui un usurpateur qui joue de son influence médiatique pour asseoir sa position de pouvoir, mais qui cache au fond une idéologie raciste et antidémocratique prête à faire fi d'une réalité américaine expansionniste et impérialiste.

* John Gray, ancien professeur à la London School of Economics and Political Science, a écrit un document critique à l'égard du livre, nommé « The World Is Round ». Dans ce texte, il confirme la pensée de Friedman selon laquelle la mondialisation rend le monde plus interdépendant et, dans certaines régions, plus riche. Il conteste en revanche l'idée que la mondialisation rend le monde plus pacifique et plus libre. John Gray souligne l'ambiguïté qui découle de la métaphore de la « platitude » de la terre, utilisée pour désigner l'impact des nouvelles technologies numériques sur le monde, mais que l'auteur utilise également pour signifier une potentielle homogénéisation politique du monde (appelée dans le livre la « théorie de la prévention des conflits »). En effet, Friedman estime que l'intégration planétaire des échanges économiques et commerciaux pourrait dissuader certains pays d'entrer en guerre parce qu'ils partagent, par l'intermédiaire d'une chaîne d'approvisionnement, une économie de marché. Cette analyse est réfutée par Gray qui considère ces spéculations géopolitiques comme une analyse simpliste dotée d'un optimisme irréaliste.

* Certains critiques ont également fait remarquer que le livre est écrit selon une perspective très unilatérale et découle directement d'une vision du monde exclusivement américaine. Ils déplorent

aussi la trop forte connivence de pensée entre le journal *New York Times* et l'auteur (qui y travaille depuis 1981) et auraient préféré une écriture et un propos plus personnalisés.

- Enfin, les géographes dans leur ensemble, notamment Harm de Blij (né en 1935), ont particulièrement critiqué les écrits de Thomas Friedman. En effet, la profession démontre le caractère inégal des effets de la mondialisation, la trop forte influence qu'elle opère encore sur la vie des gens et les relations de dépendance inégales qui se sont établies entre les pays dominés et les pays dominants.

En dépit de ses faiblesses, cet ouvrage reste un incontournable, car il est fondamentalement bien écrit et apporte un regard structuré et neuf sur le monde en ce début de XXI^e siècle.

## EXTENSIONS ET APPROCHES SIMILAIRES

Plusieurs hommes d'influence, des « faiseurs d'opinions » ou encore des auteurs à succès ont longuement travaillé sur des questions portant sur la mondialisation, le principe du libre-échange et le commerce international.

- Paul Krugman (né en 1953), économiste, lauréat du prix Nobel d'économie en 2008 et éditorialiste pour le *New York Times*, a démontré les effets positifs de l'impact des économies d'échelle (baisse du coût unitaire d'un produit qu'obtient une entreprise en accroissant la quantité de sa production) sur le commerce international.
- James Bradford De Long (né en 1960), professeur d'économie à l'université de Berkeley, chercheur et ancien sous-secrétaire au Trésor américain, décrit l'influence considérable des nouvelles technologies dans le développement du néo-libéralisme et de la mondialisation. Il s'intéresse également à l'histoire de la pensée économique, de laquelle découle la publication annuelle *The Economists' Voice*.

- Milton Friedman (1912-2006), considéré comme l'un des éco-
nomistes les plus influents du XX$^e$ siècle, lauréat du prix Nobel
d'économie en 1976 et conseiller de l'ancien président américain
Richard Nixon (1913-1994), est un fervent défenseur du libéralisme.
À travers ses livres, dont *Capitalisme et Liberté* (1962), il démontre
la supériorité du marché du libre-échange sur les autres systèmes
et développe sa théorie selon laquelle la réduction du rôle de
l'État dans l'économie de marché est le seul moyen d'atteindre
la liberté économique.

# EN BREF

- L'auteur est un homme d'influence ayant un certain pouvoir sur les médias américains : il bénéficie d'une grande visibilité lorsqu'il publie un livre et d'une immunité presque totale en matière de censure, ce qui lui donne le privilège d'être vu, entendu et lu par une grande partie de la population américaine. Il a notamment conseillé le prince saoudien régnant Abdallah Ben Abdelaziz (1924-2015) sur des questions portant sur les relations diplomatiques entre les États-Unis et l'Arabie Saoudite. Actuellement, il travaille toujours comme journaliste et a dernièrement écrit des rubriques éditoriales sur la crise migratoire qui frappe l'Europe.

- La chute du mur de Berlin en 1989, symbole de la fin de l'empire soviétique, tourne une page de l'histoire : le communisme s'essouffle, le capitalisme triomphe, les frontières tombent, le marché du libre-échange s'accroît et l'essor informatique change la face du monde. Cet événement politique est l'élément déclencheur d'une nouvelle direction économique qu'a adoptée la majeure partie du monde, à savoir le libéralisme.

- À mesure que l'hyperconnectivité entre les individus s'accroît, l'aplatissement du monde s'esquisse (près de trois milliards de travailleurs « digitaux » sont entrés dans l'économie mondiale). En effet, l'auteur distingue dix événements majeurs qui ont contribué à rendre la terre plate. Ces forces, toutes issues de la révolution technologique, interagissent entre elles pour former un unique réseau planétaire qui deviendra total lorsque toute la population mondiale aura accès au numérique. Cette évolution provoque en même temps une modification des compétences et des habitudes de travail chez les particuliers et les entreprises.

- Depuis une vingtaine d'années, les sociétés cherchent par tous les moyens à réduire les coûts et à augmenter leur efficacité. Des phénomènes tels que la délocalisation et la sous-traitance sont alors apparus. La nouveauté est que le travail peut désormais être accompli n'importe où et n'importe quand grâce à l'effondrement des barrières économiques et à l'efficacité des technologies. Mais au-delà du milieu de l'entreprise, de plus en plus de citoyens ont recours à des particuliers du monde entier pour des services comme les cours de langues par vidéoconférence, le remplissage des déclarations d'impôts, la programmation informatique, la création d'un site web, ou encore la rédaction d'un blog ou d'un magazine numérique. Ces services, naturellement bien moins chers que dans leur pays d'origine, ouvrent la voie vers une nouvelle plate-forme mondiale pour de multiples formes de collaboration.

- En Occident, le nombre grandissant d'emplois délocalisés (plus de trois millions dans le monde en 2015 selon Forrester Research) provoque un chômage important, en particulier chez les jeunes. Cette réalité terrifie les parents, inquiets pour l'avenir professionnel de leurs enfants. De ce fait, les pays concernés par la crise doivent par tous les moyens insuffler un nouvel air en formant sa jeunesse aux métiers d'avenir.

- Au vu de la vitesse folle à laquelle se développent les économies chinoise et indienne, les États-Unis et l'Europe doivent créer de nouveaux modèles commerciaux qui leur permettront de tirer le meilleur de la croissance de ces deux pays tout en se protégeant contre le pire, car, bien loin de la sous-traitance asiatique qui ne s'occupait que de simples tâches d'exécution, l'Inde et la Chine sont devenues deux machines d'innovations technologiques qui imposent leur suprématie jour après jour.

- Friedman, fervent défenseur du marché du libre-échange et de la mondialisation, critique fortement les sociétés qui ne suivent pas ce rythme et met en évidence le caractère rapide de cette évolution avec l'excellent niveau de compétences émergeant des jeunes diplômés issus des pays en développement. Ces nations tiennent un rôle de plus en plus important dans l'économie mondiale et peuvent à présent imposer au marché leurs règles et leurs méthodes au même titre que les États-Unis ou le Vieux Continent.

- Selon Friedman, la mondialisation contribue à gommer les inégalités sociales, car elle aurait un effet positif sur la réduction de la pauvreté dans le monde. Les innovations technologiques ont permis une mise à niveau de la pyramide des pouvoirs et permettent maintenant à quiconque, professionnel ou particulier, de se concurrencer sur un même pied d'égalité par l'intermédiaire de services en tous genres.

*Votre avis nous intéresse !*

*Laissez un commentaire sur le site de votre librairie en ligne
et partagez vos coups de cœur sur les réseaux sociaux !*

# POUR ALLER PLUS LOIN

## SOURCES BIBLIOGRAPHIQUES


- Bari Atwan (Abdel), « Friedman veut compromettre le roi d'Arabie », in *The International Solidarity Movement*, mars 2007, consulté le 28 août 2015.
  http://www.ism-france.org/analyses/Friedman-veut-compromettre-le-roi-d-Arabie-article-6525
- Bass (Warren), « The Great Leveling », in *The Washington Post*, avril 2005, consulté le 19 décembre 2015.
  http://www.washingtonpost.com/wp-dyn/articles/A17314-2005Mar31.html
- Brunel (Sylvie), « Qu'est-ce que la mondialisation ? », in *Sciences Humaines*, juillet 2015, consulté le 28 août 2015.
  http://www.scienceshumaines.com/qu-est-ce-que-la-mondialisation_fr_15307.html
- Chavagneux (Christian), « *La Terre est plate. Une brève histoire du XXI$^e$ siècle* par Thomas Friedman », in *Alternatives Économiques*, janvier 2007, consulté le 10 août 2015.
  http://www.alternatives-economiques.fr/la-terre-est-plate-une-breve-histoi_fr_art_207_24389.html
- Chol (Éric), « Thomas Friedman », in *L'Express*, novembre 2006, consulté le 22 août 2015.
  http://www.lexpress.fr/culture/livre/thomas-friedman_821709.html
- Cohen (Elie), « La mondialisation ou l'aplatissement du monde », in *Elie Cohen*, novembre 2005, consulté le 12 août 2015.
  http://www.elie-cohen.eu/article.php3?id_article=95
- Demeure (Yohan), « Fiche de lecture "La Terre est plate" de Thomas Friedman (Mondialisation) », in *Youscribe*, décembre 2013, consulté le 10 août 2015.

http://www.youscribe.com/catalogue/livres/litterature/
fiche-de-lecture-la-terre-est-plate-de-thomas-friedman-2375826

- FRIEDMAN (Thomas L.), *La Terre est plate. Une brève histoire du XXIe siècle*, Paris, Perrin, 2006

- GOOSSENS (Marc), « The World Is Hot, Flat and Crowded. Analyse critique des deux best-sellers de Thomas L. Friedman », in *Société Européenne des Ingénieurs et des Industriels*, mai 2010, consulté le 10 août 2015.

  http://www.seii.org/seii/documents_seii/archives/
  Hotflatandcrowded.pdf

- GRAY (John), « The World Is Round », in *The New York Review of Books*, vol. 52, n° 13, août 2005.

  http://www.nybooks.com/articles/2005/08/11/the-world-is-round/

- « Libre-échange, brève définition », in *Perspective Monde*, consulté le 30 août 2015.

  http://perspective.usherbrooke.ca/bilan/servlet/BMDictionnaire?
  iddictionnaire=1693

- « Thomas L. Friedman Official Biography », in *Thomas L. Friedman*, consulté le 22 août 2015.

  http://www.thomaslfriedman.com/about-the-author

## SOURCES COMPLÉMENTAIRES

- Du même auteur :
- *Paix des peuples, guerres des nations. Après le 11 septembre*, Paris, Denöel, 2003.
- *La Terre perd la boule. Trop chaude, trop plate, trop peuplée*, Paris, Saint-Simon, 2009.
- *Back in the USA. Quand l'Amérique se réinvente*, Paris, Saint-Simon, 2012.
- DE LONG (James Bradford), « The Triumph of Monetarism? », in *Journal of Economics Perspectives*, vol. 14, n° 1, hiver 2000, p. 83-94.

http://www.jstor.org/stable/2647052?seq=1#page_scan_tab_
contents
* FRIEDMAN (Milton), *Capitalisme et Liberté*, Paris, Leduc.s, 1962.

## FILMS ET DOCUMENTAIRES

* *Inside Job*, film documentaire de Charles H. Freguson, États-Unis, 2010.
* *L'Empire du Management*, film documentaire de Gérard Caillat, Pierre Legendre et Pierre-Oliver Bardet, France, 2007.
* *Let's Make Money*, film documentaire d'Erwin Wagenhofer, Autriche, 2009.
* *The Corporation*, film documentaire de Jennifer Abbott et Mark Ashbar, Canada, 2003.

# SOYEZ LÀ
## OÙ ON NE VOUS ATTEND PAS !

www.50minutes.com

www.50minutes.com

Éditeur responsable : Lemaitre Publishing
Avenue de la Couronne 382 | BE-1050 Bruxelles
info@lemaitre-editions.com

ISBN ebook : 978-2-8062-7515-8
ISBN papier : 978-2-8062-7516-5
Dépôt légal : D/2015/12603/641
Photo de couverture : © vege - Fotolia.com

Conception numérique : Primento,
le partenaire numérique des éditeurs